I0430736

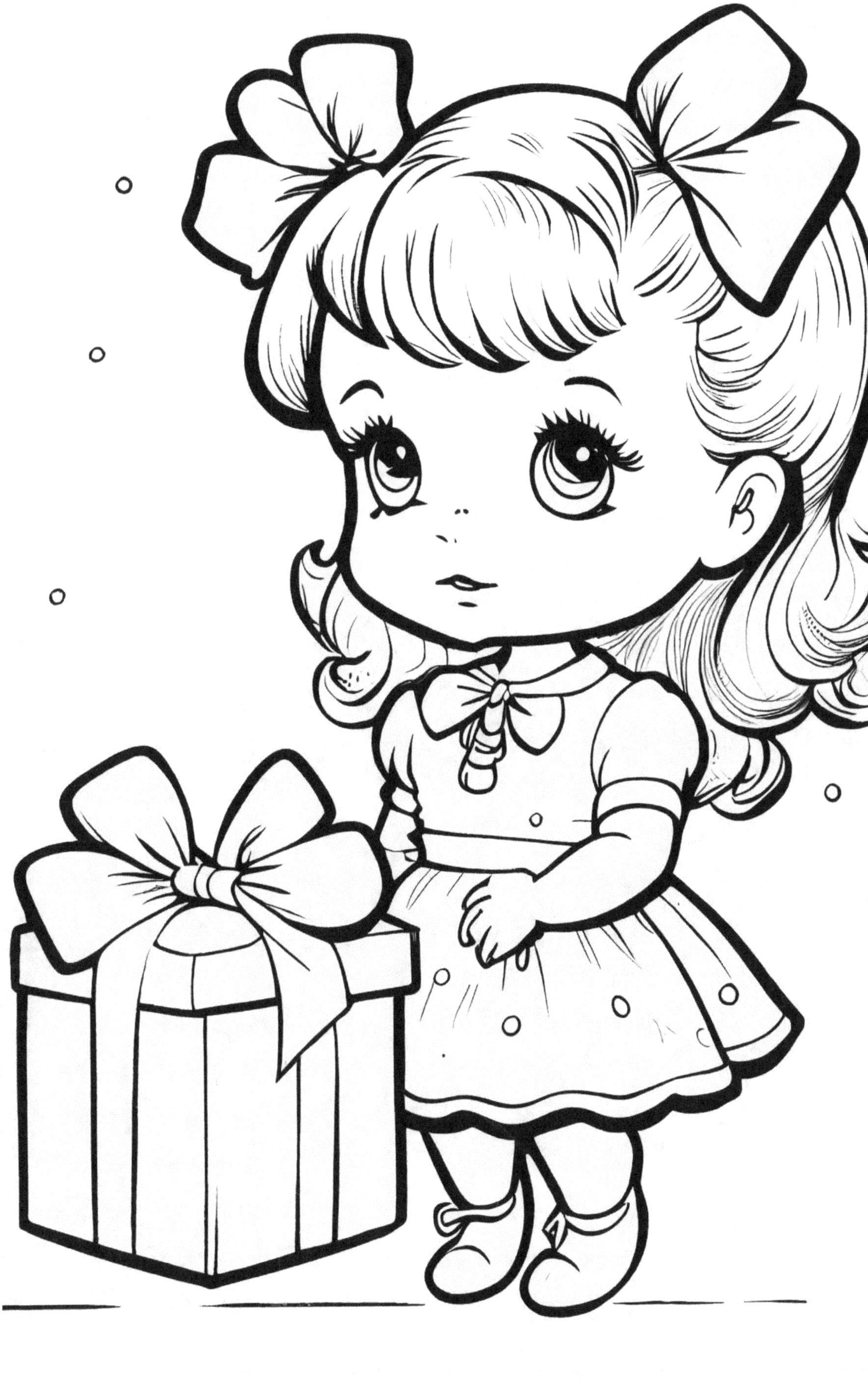

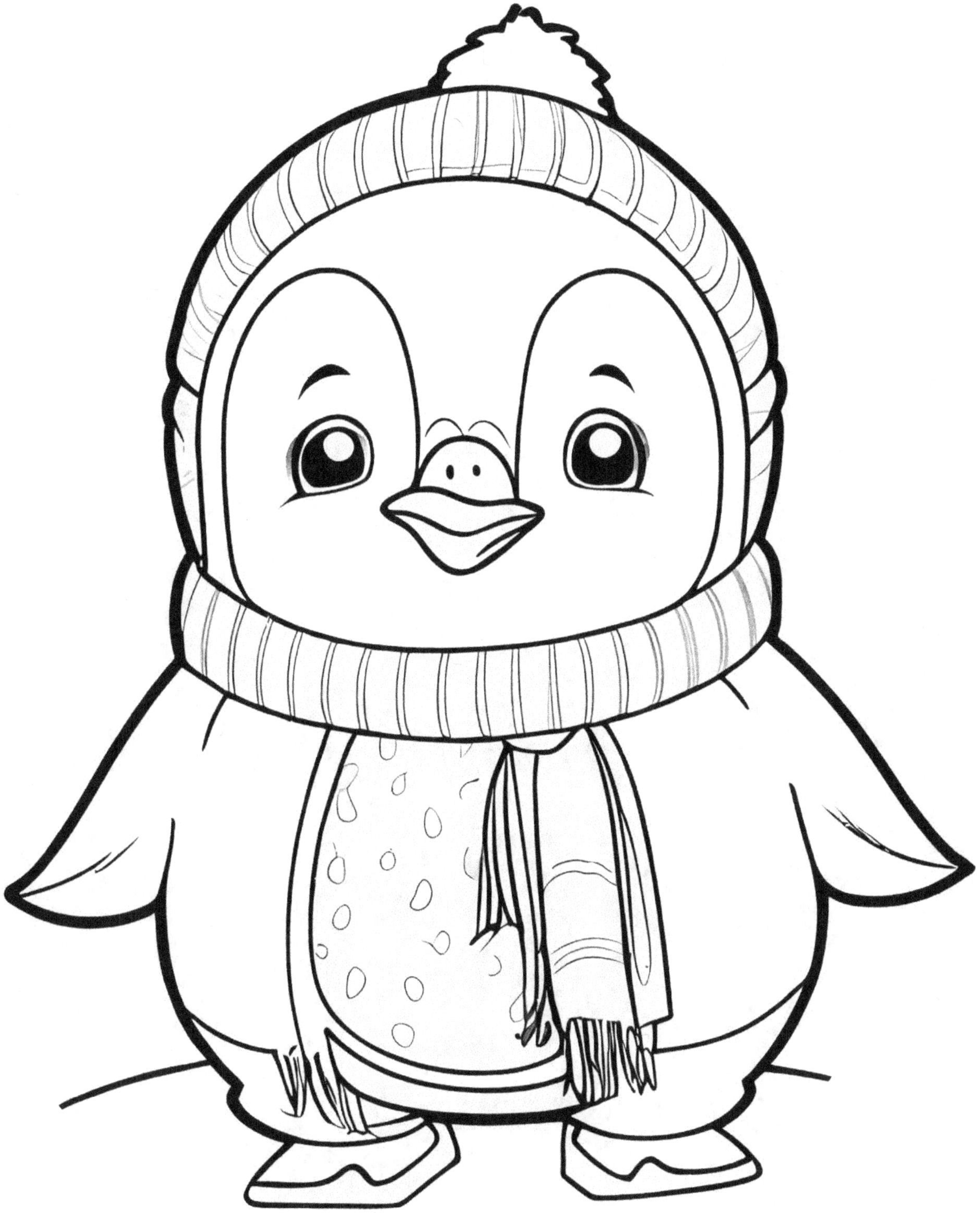

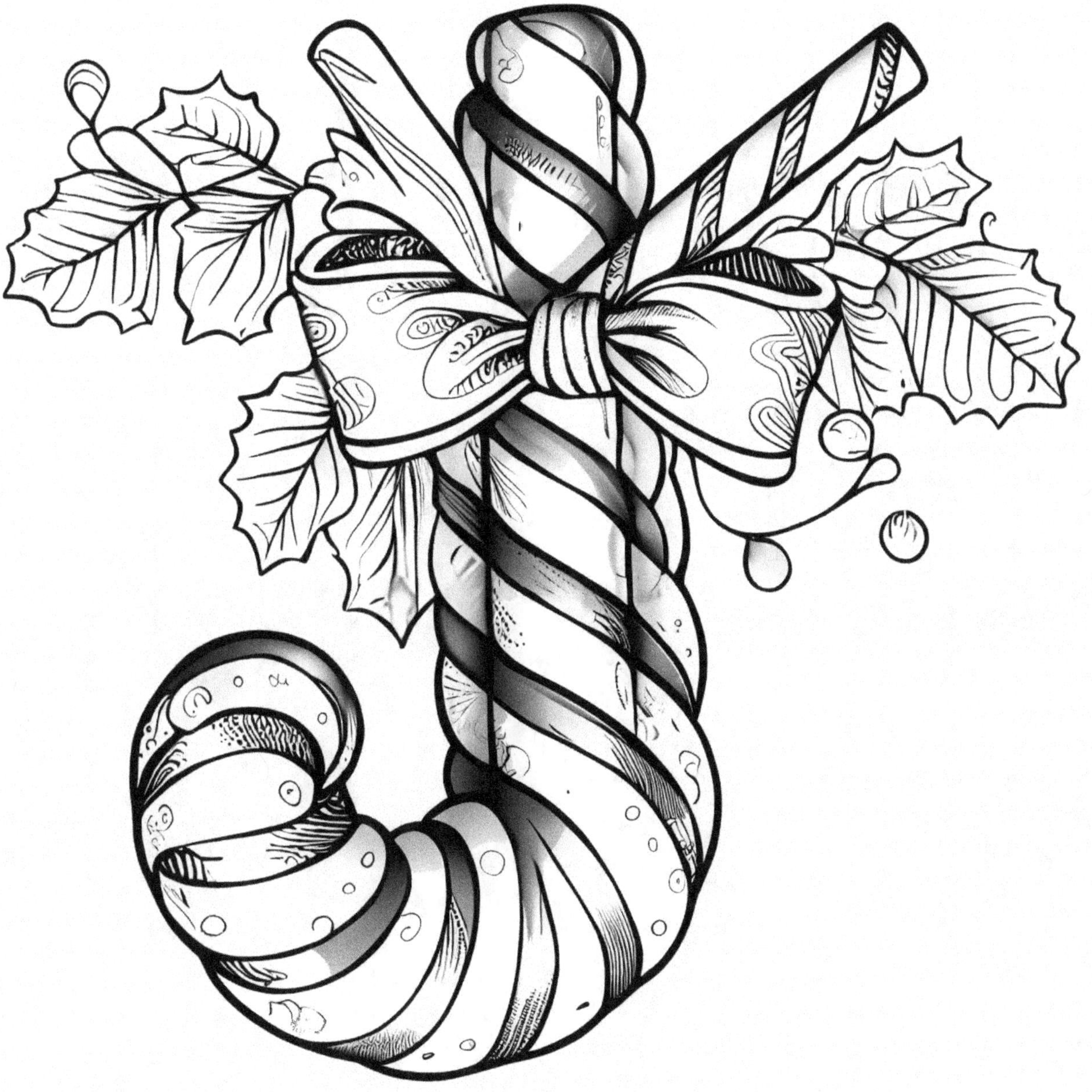

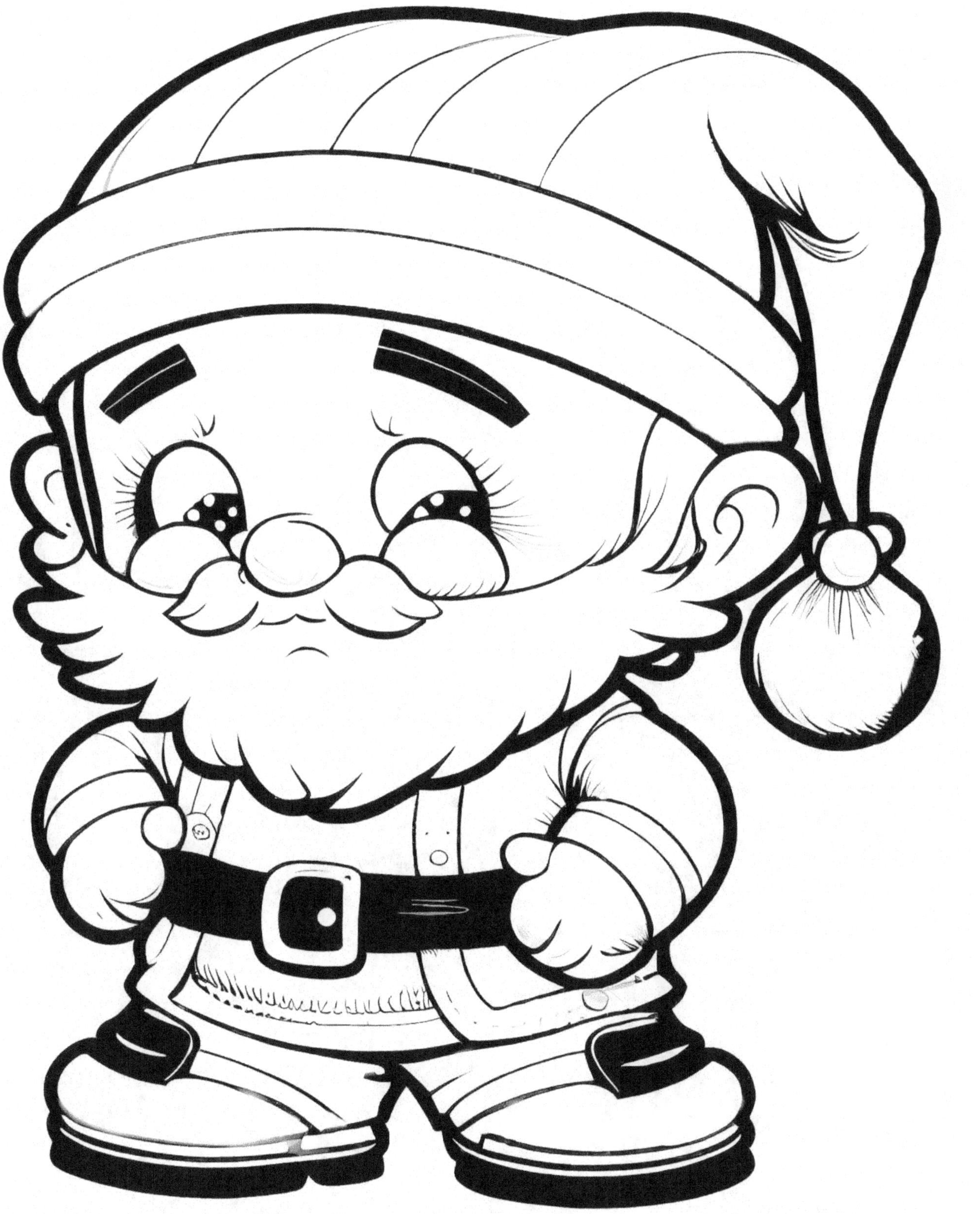

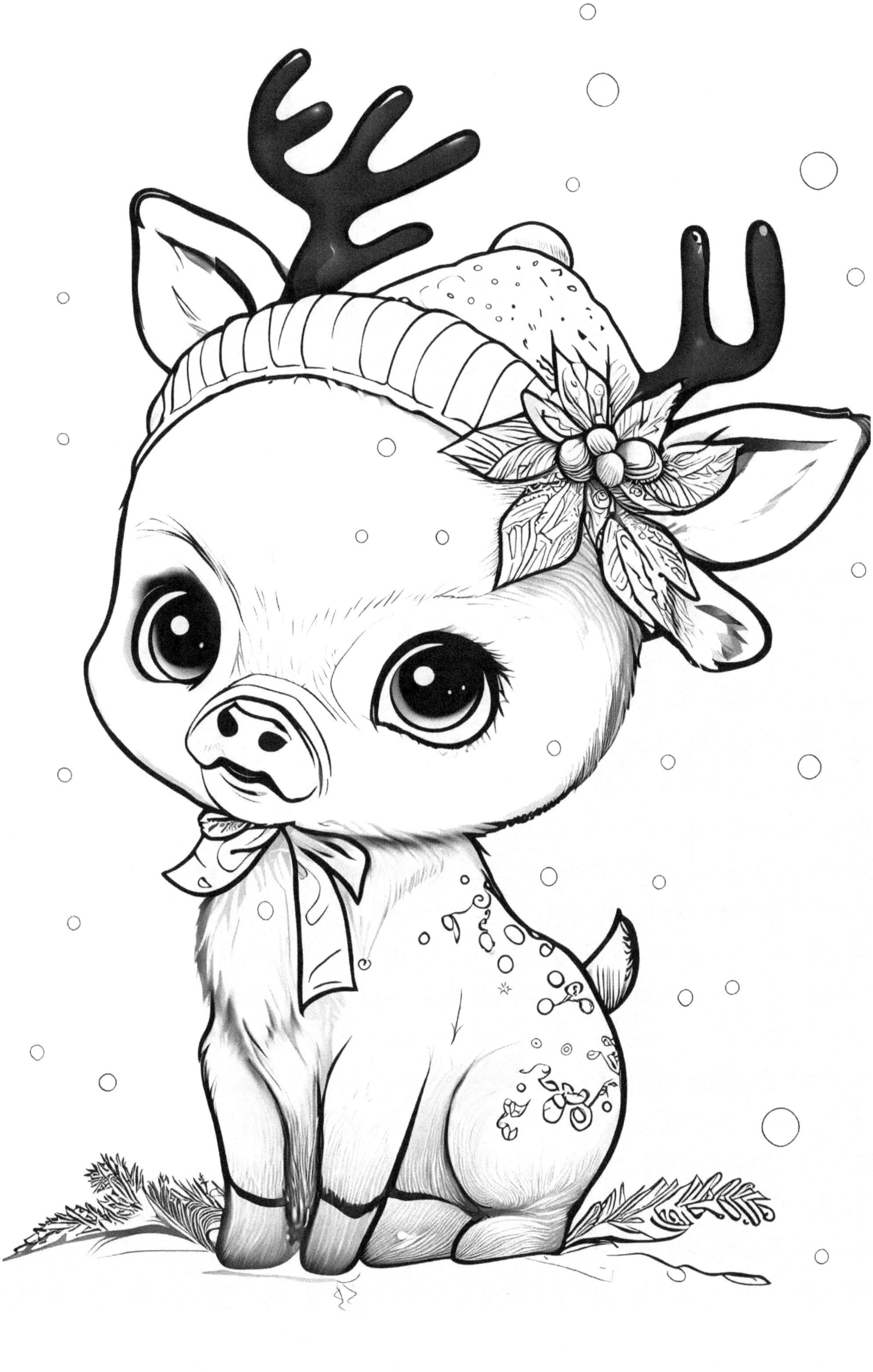

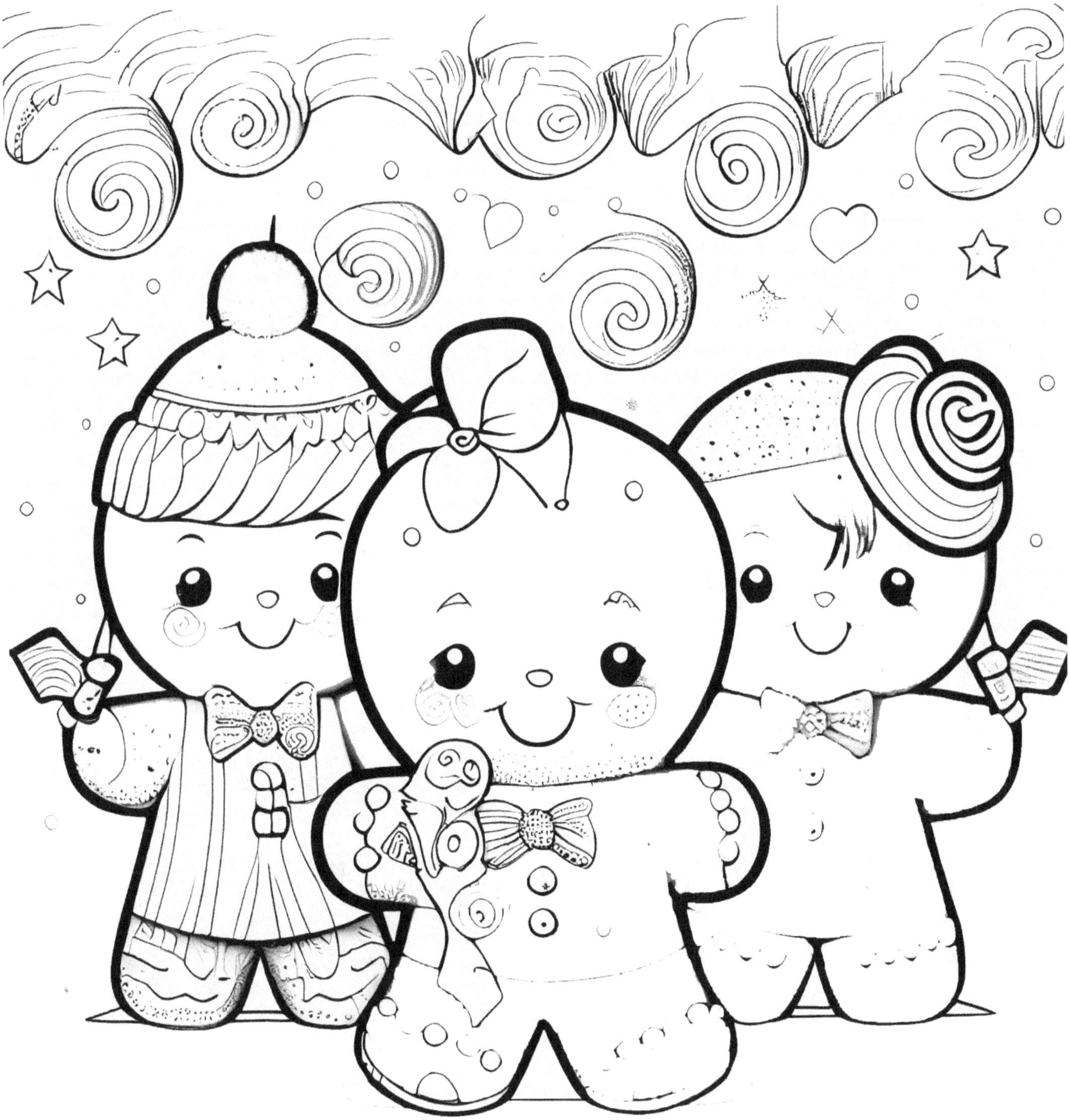

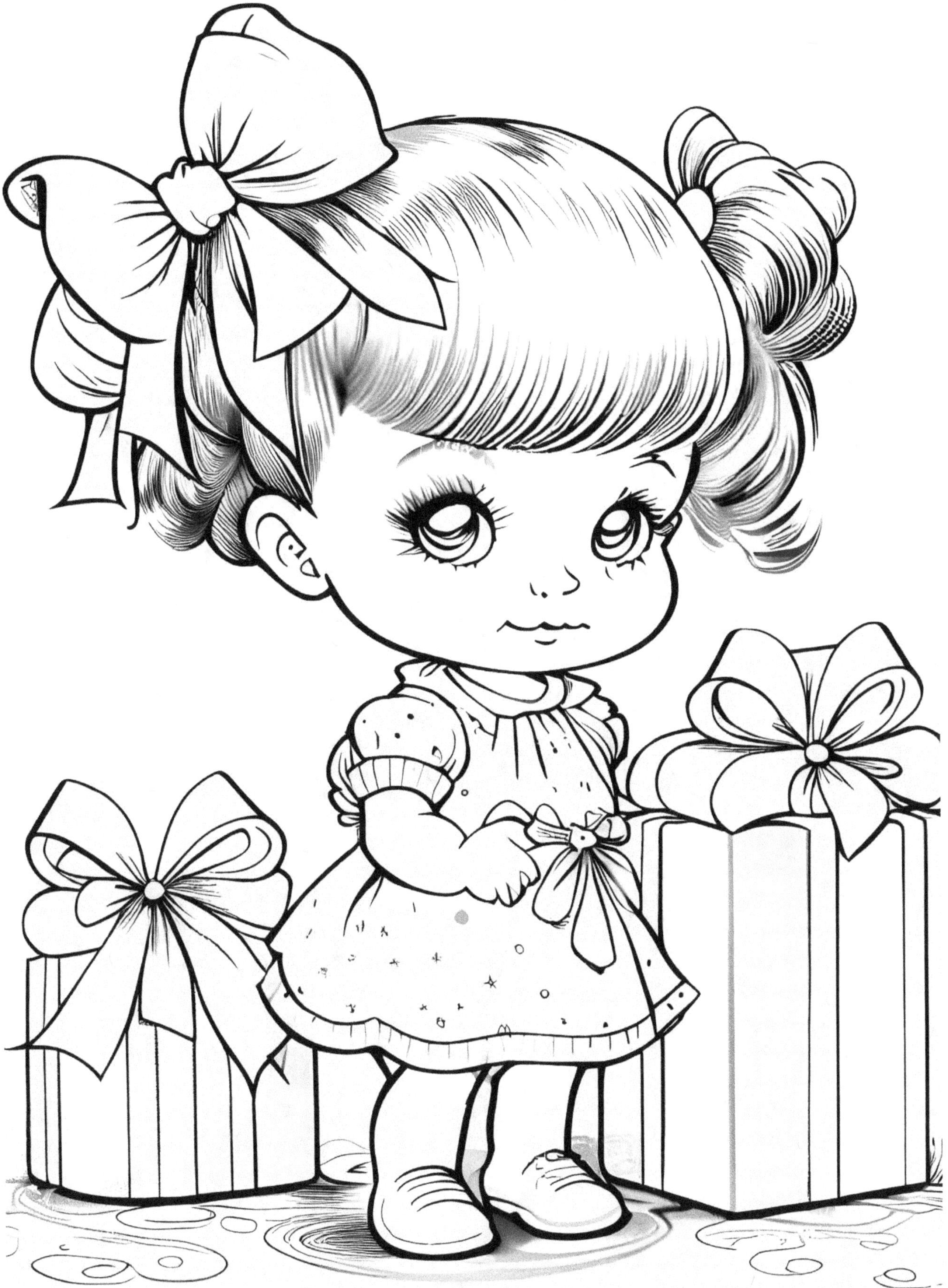

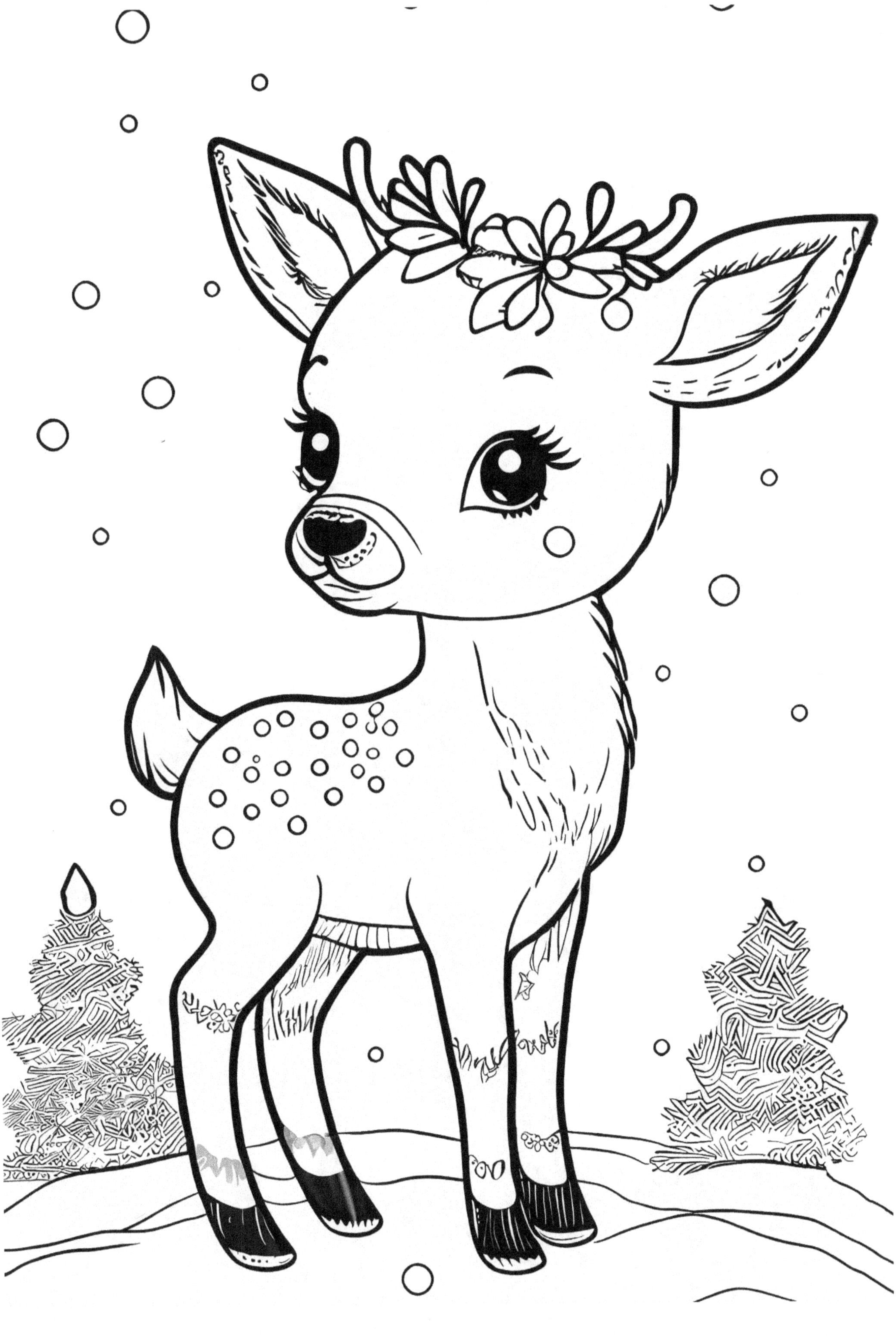

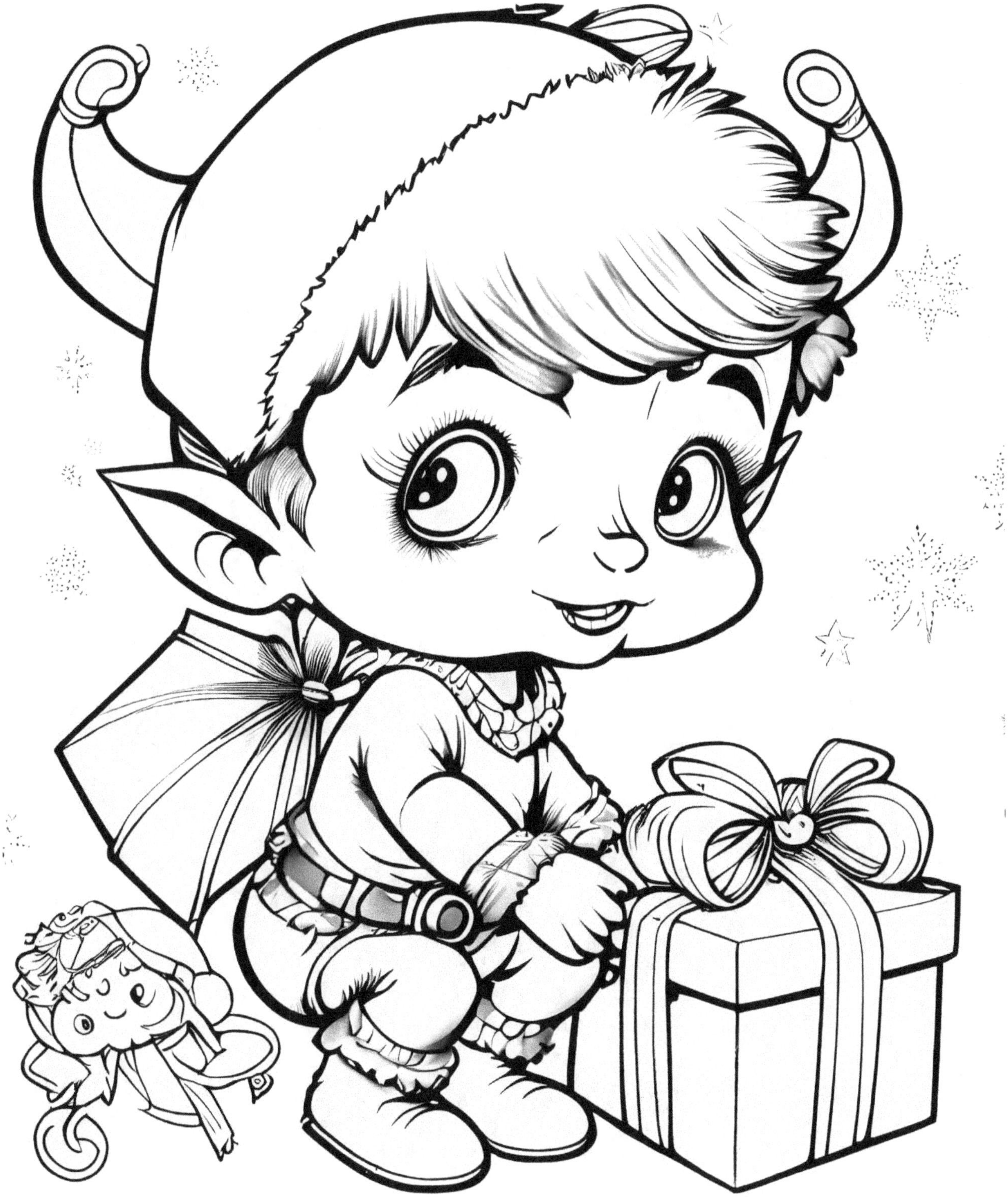

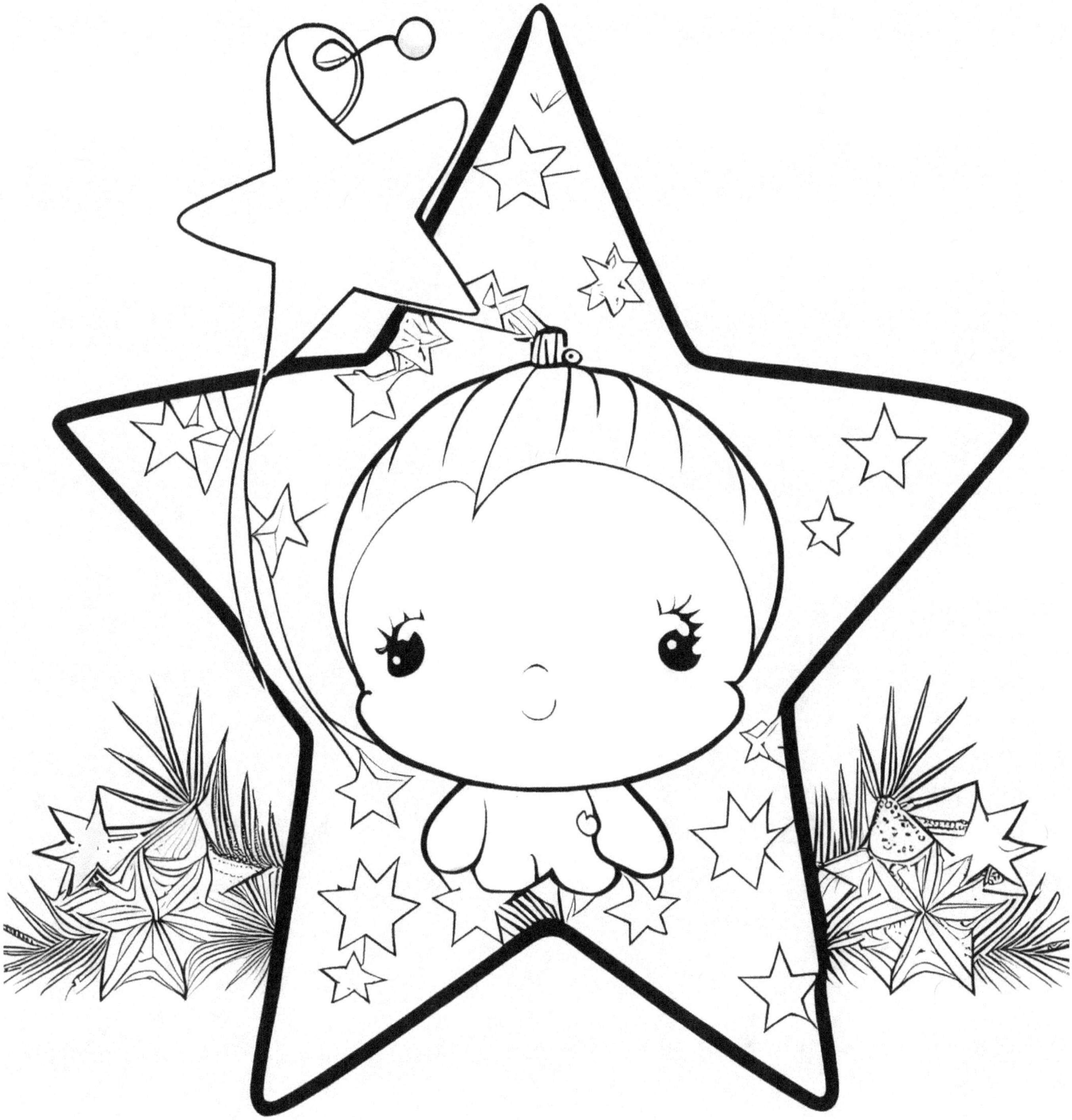

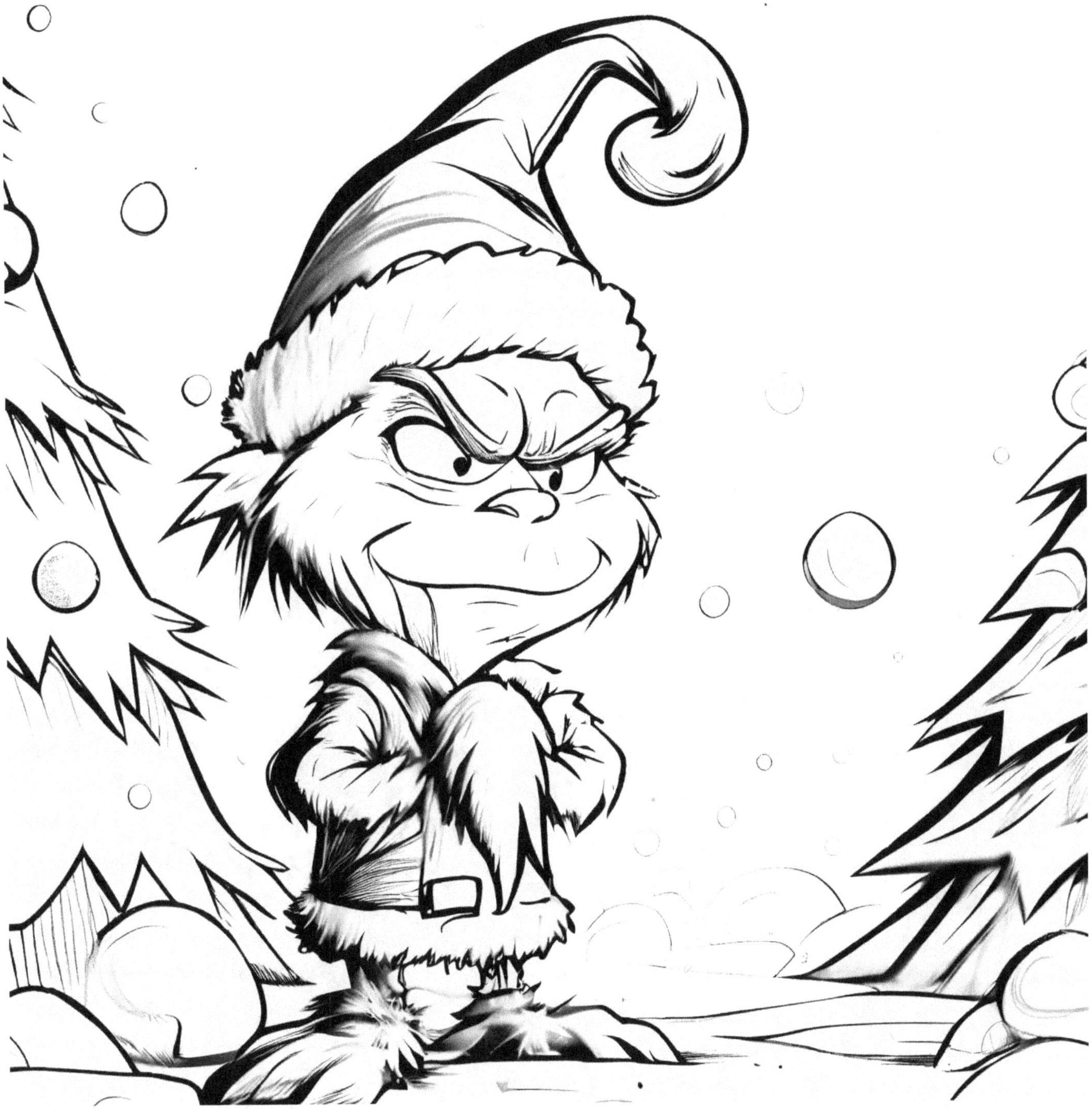

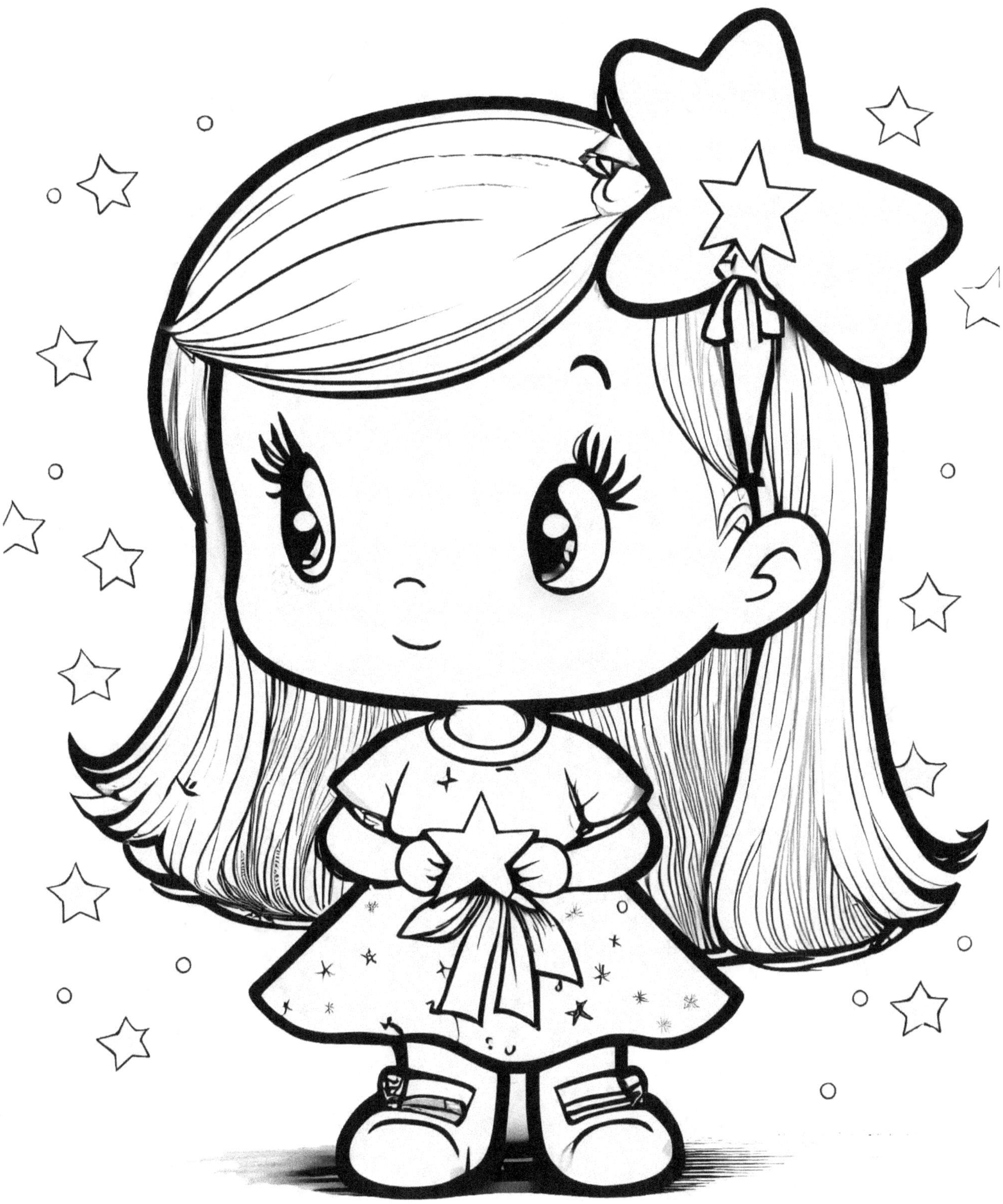

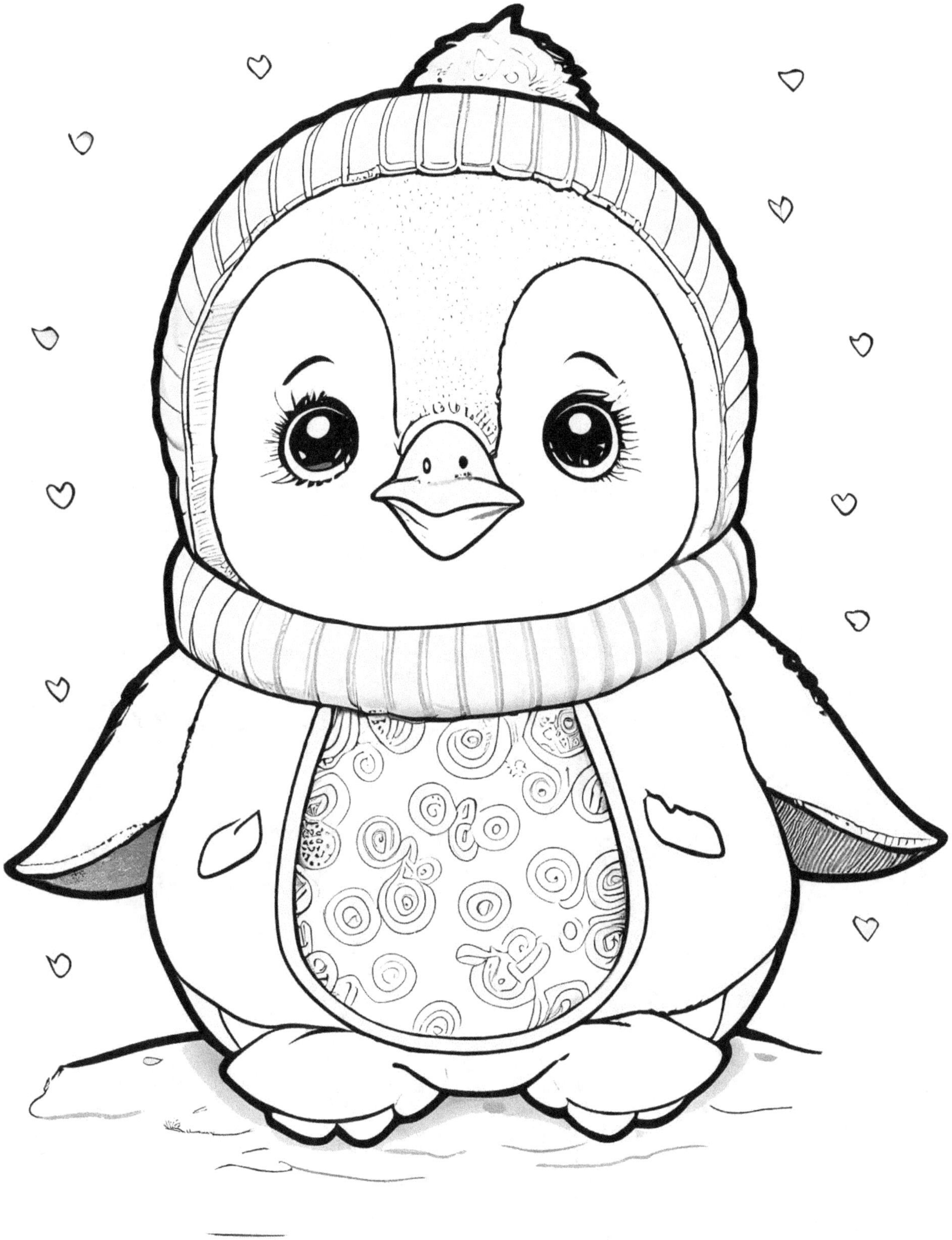

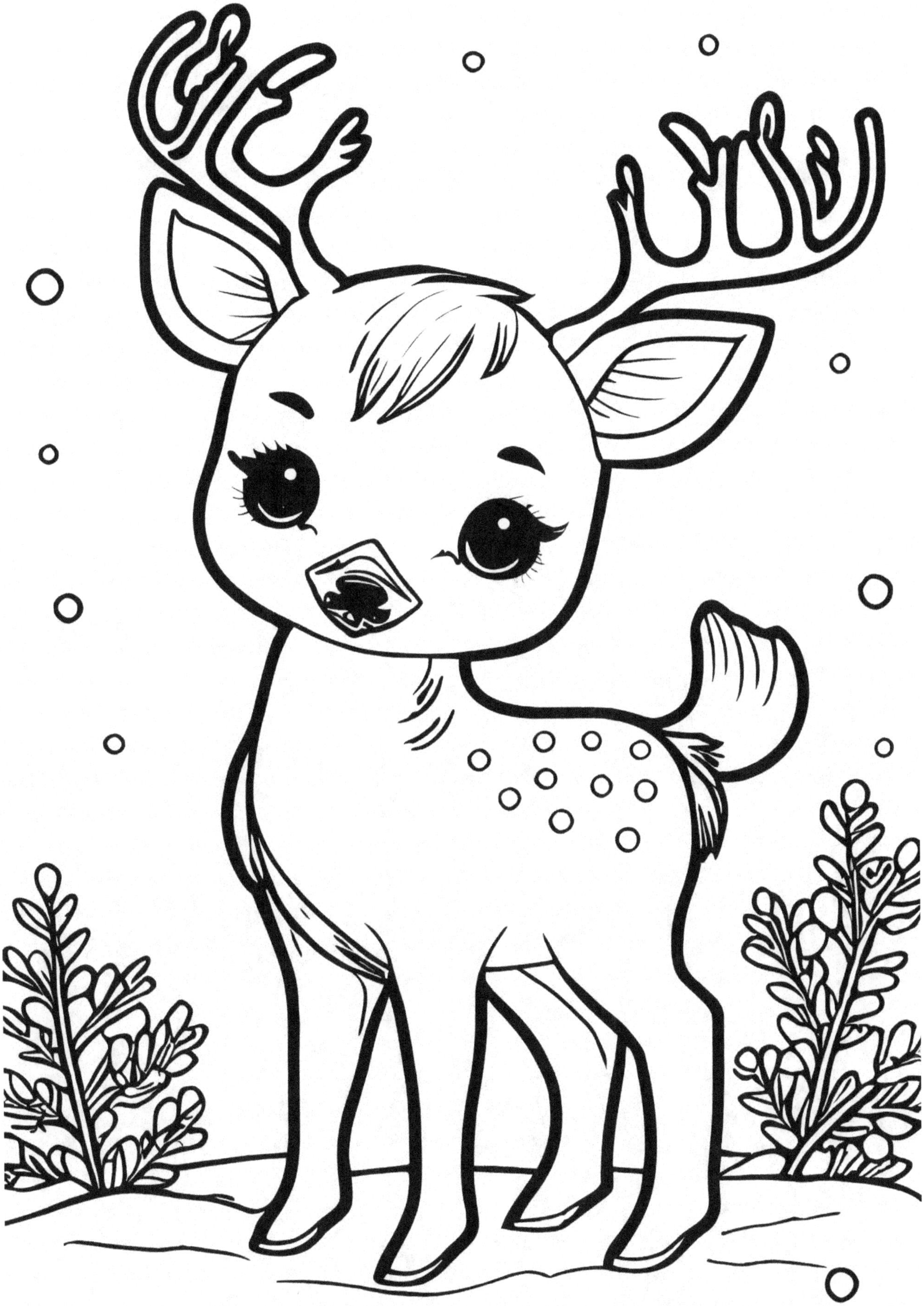

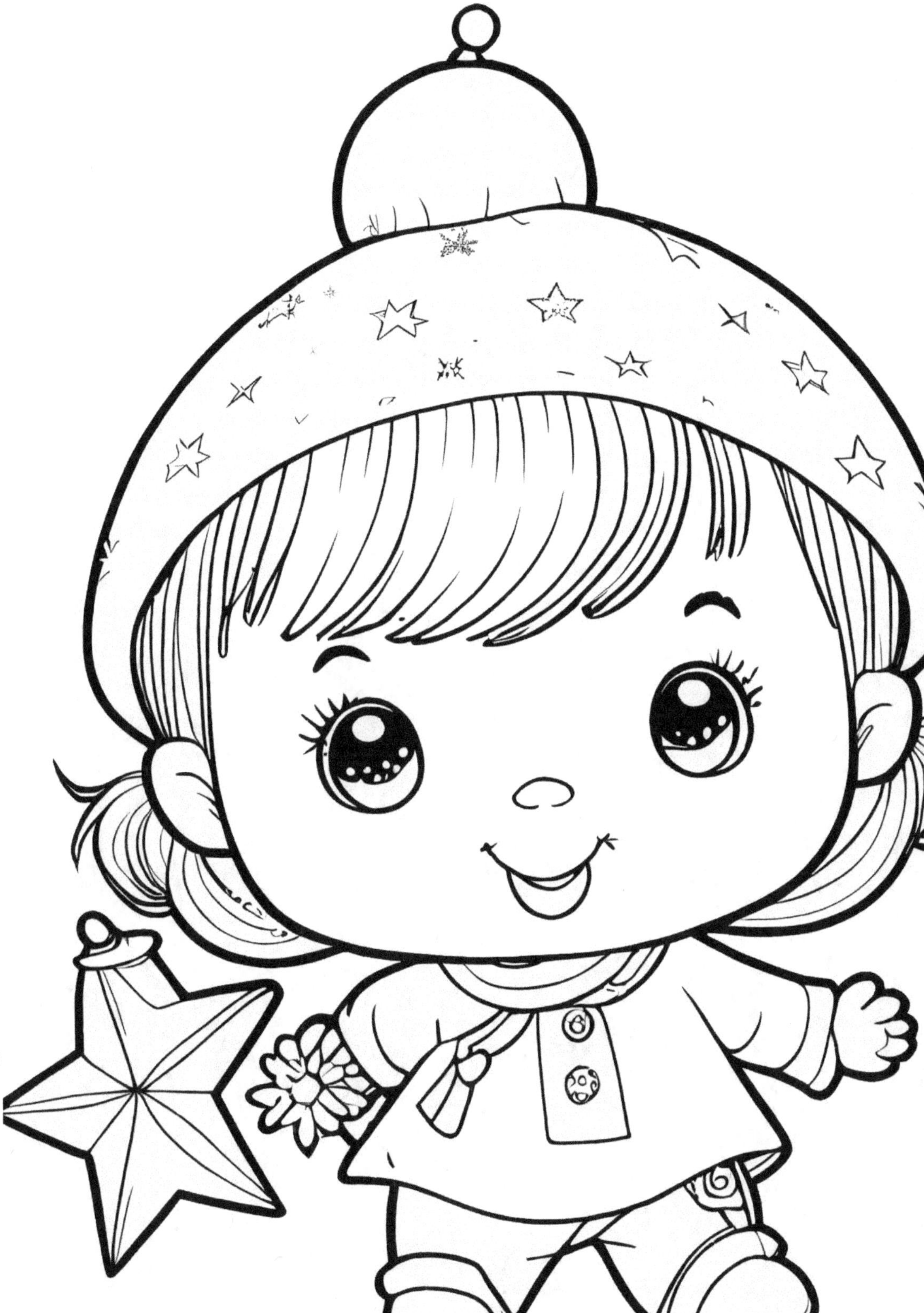

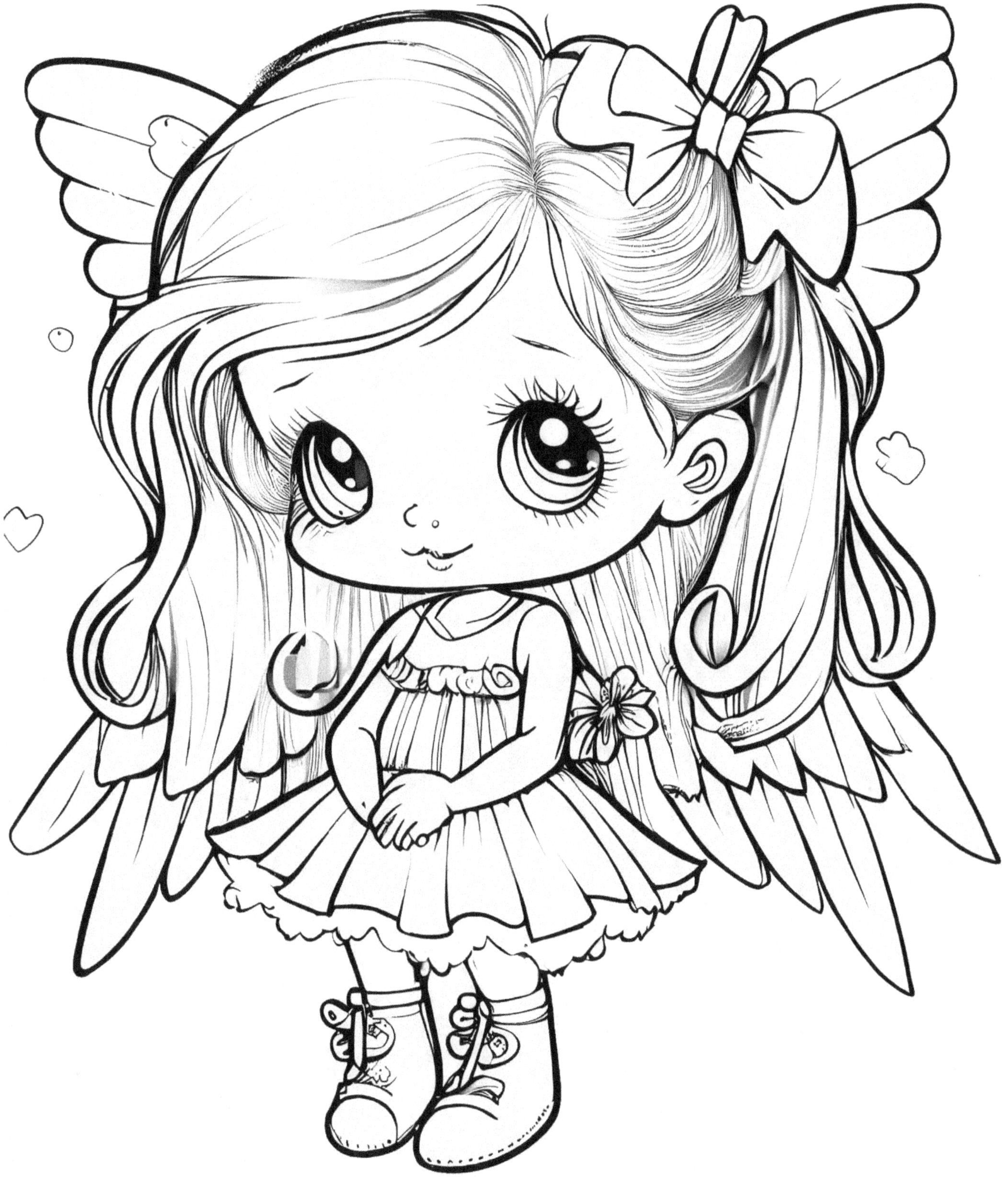

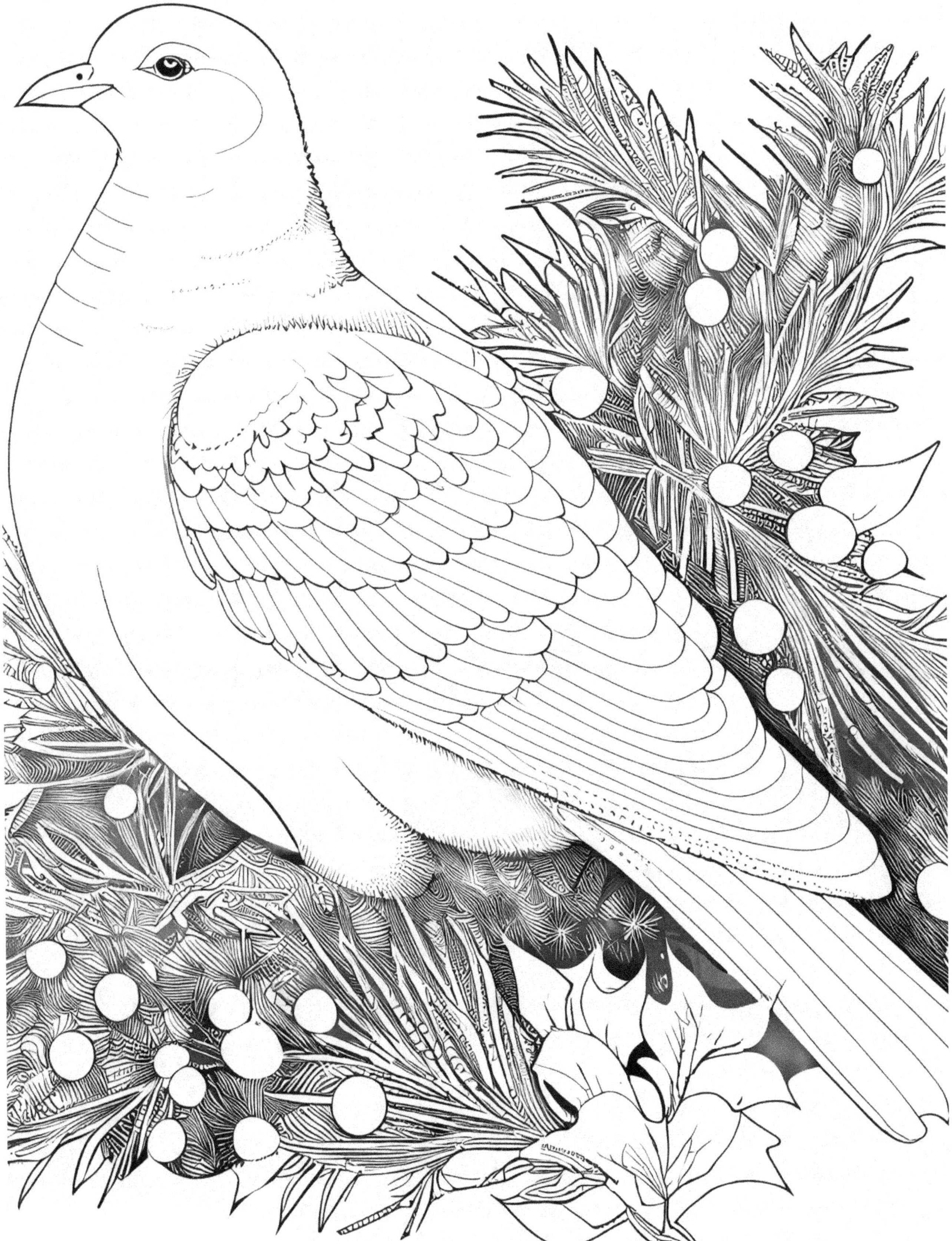

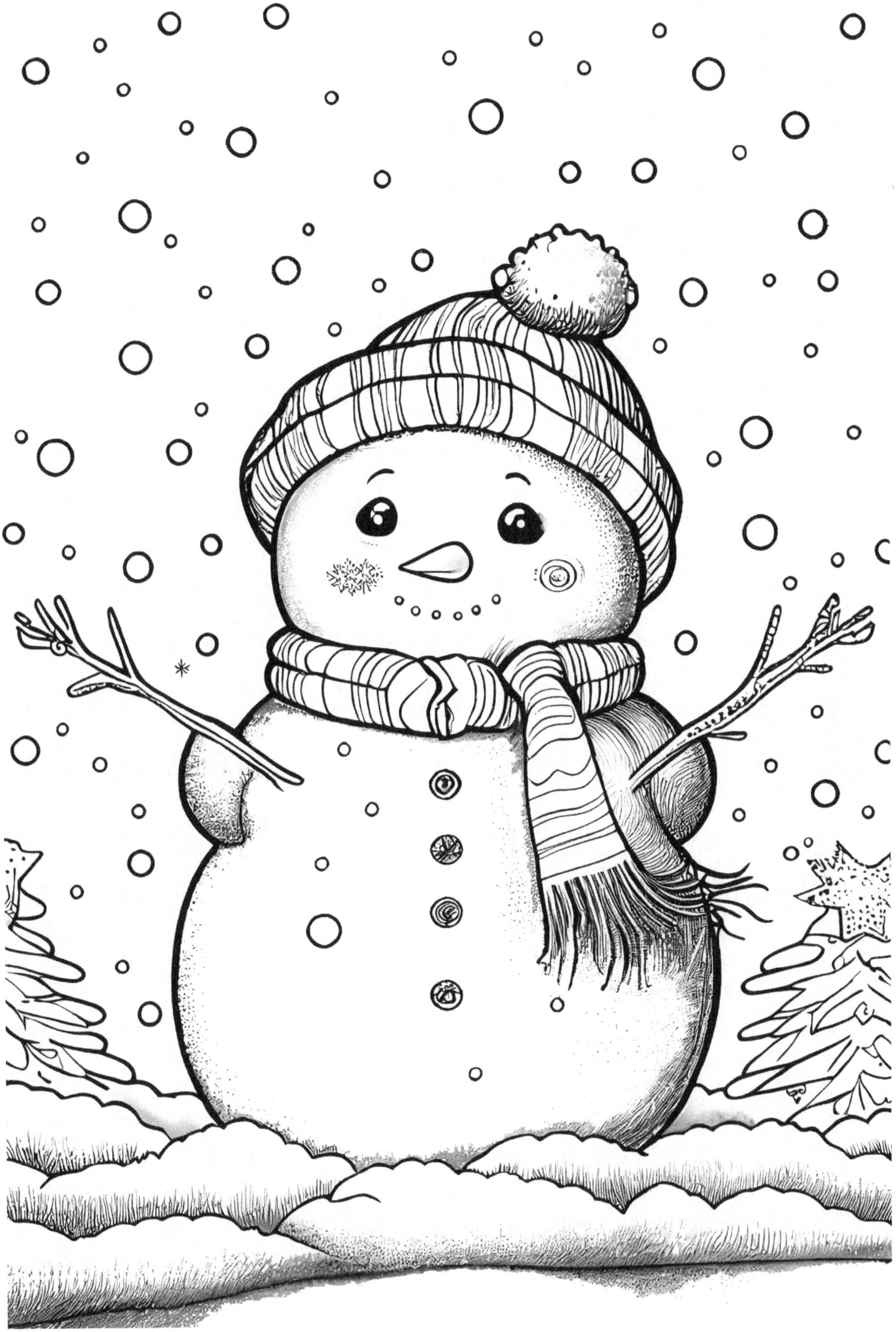

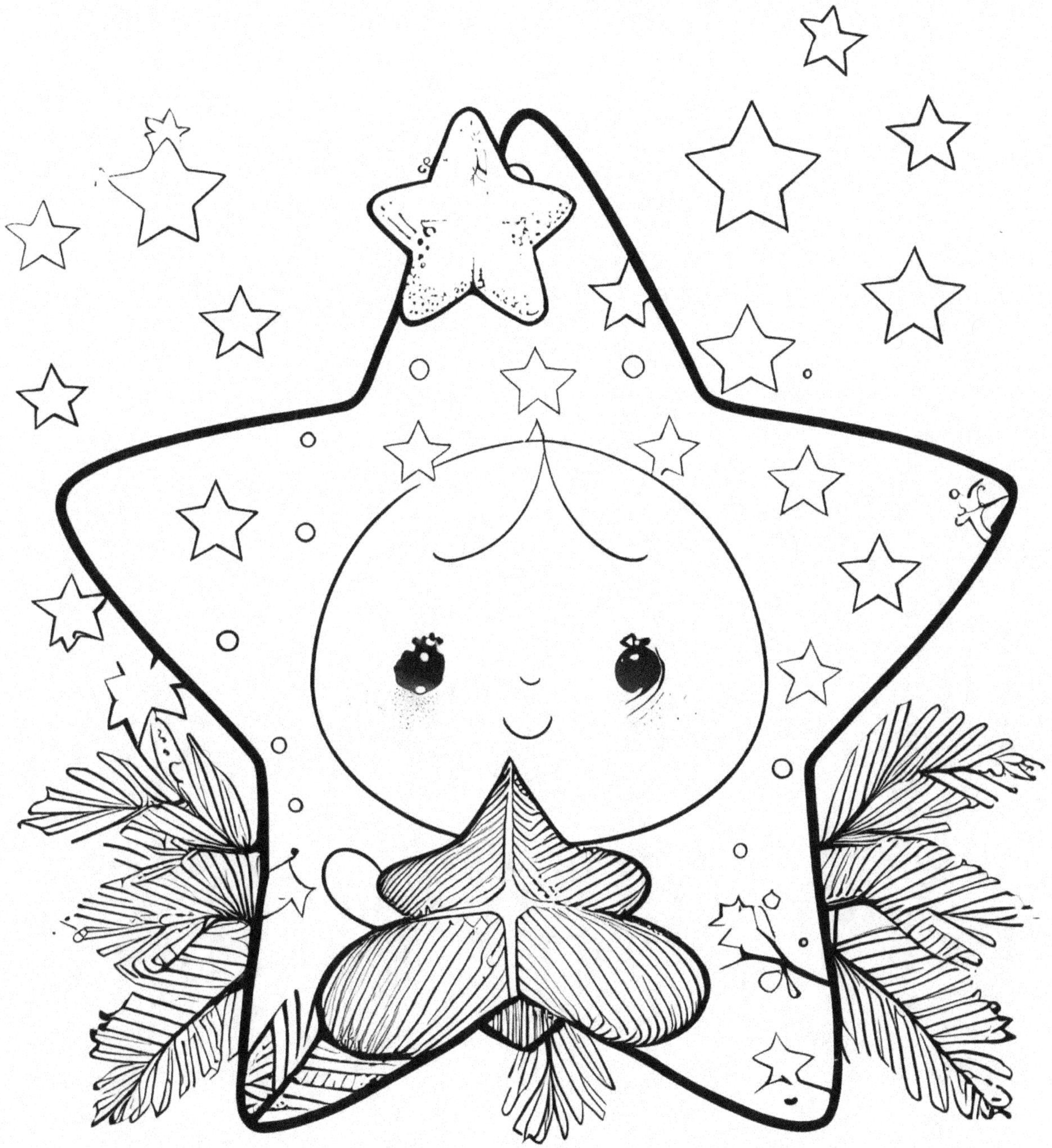

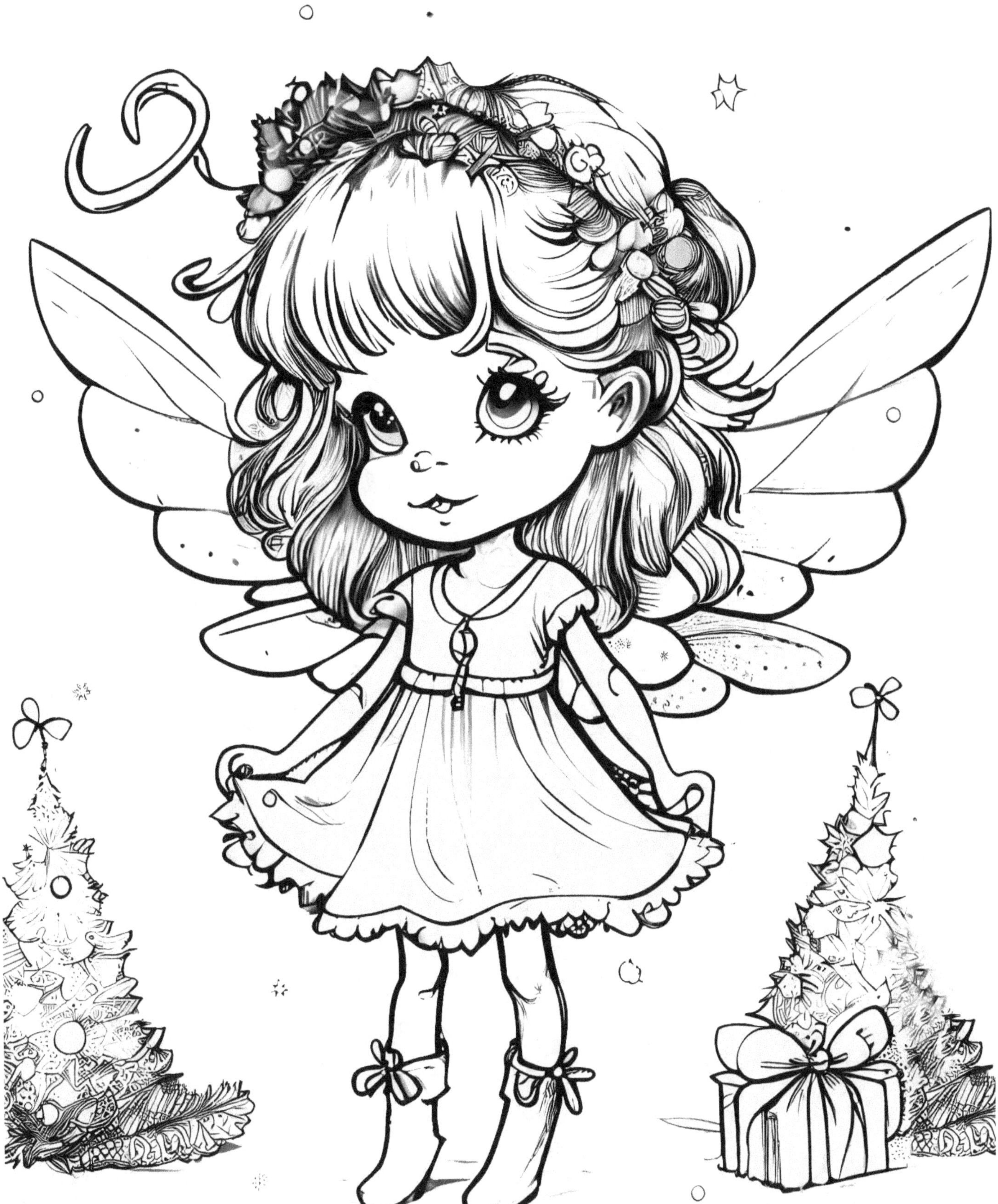

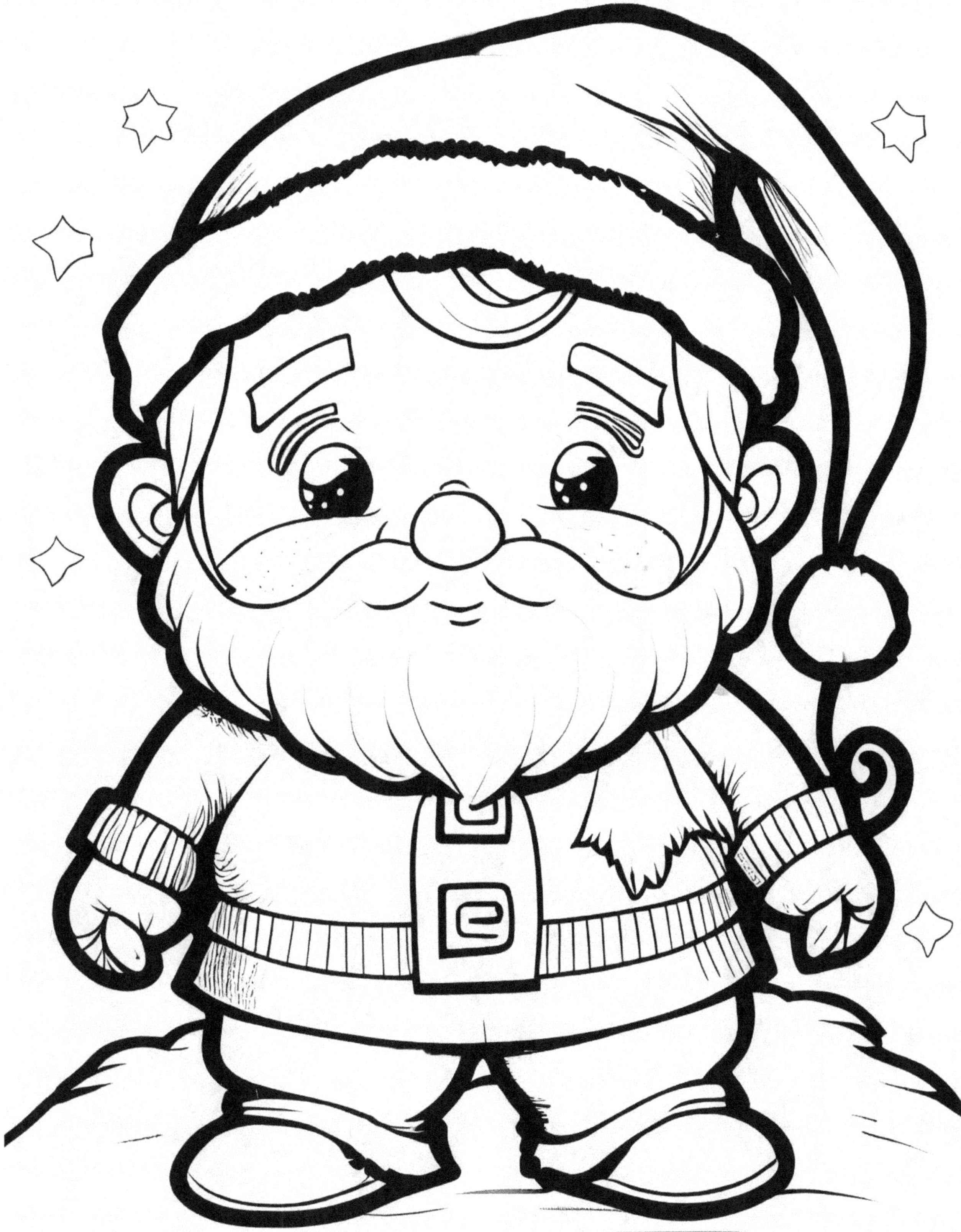

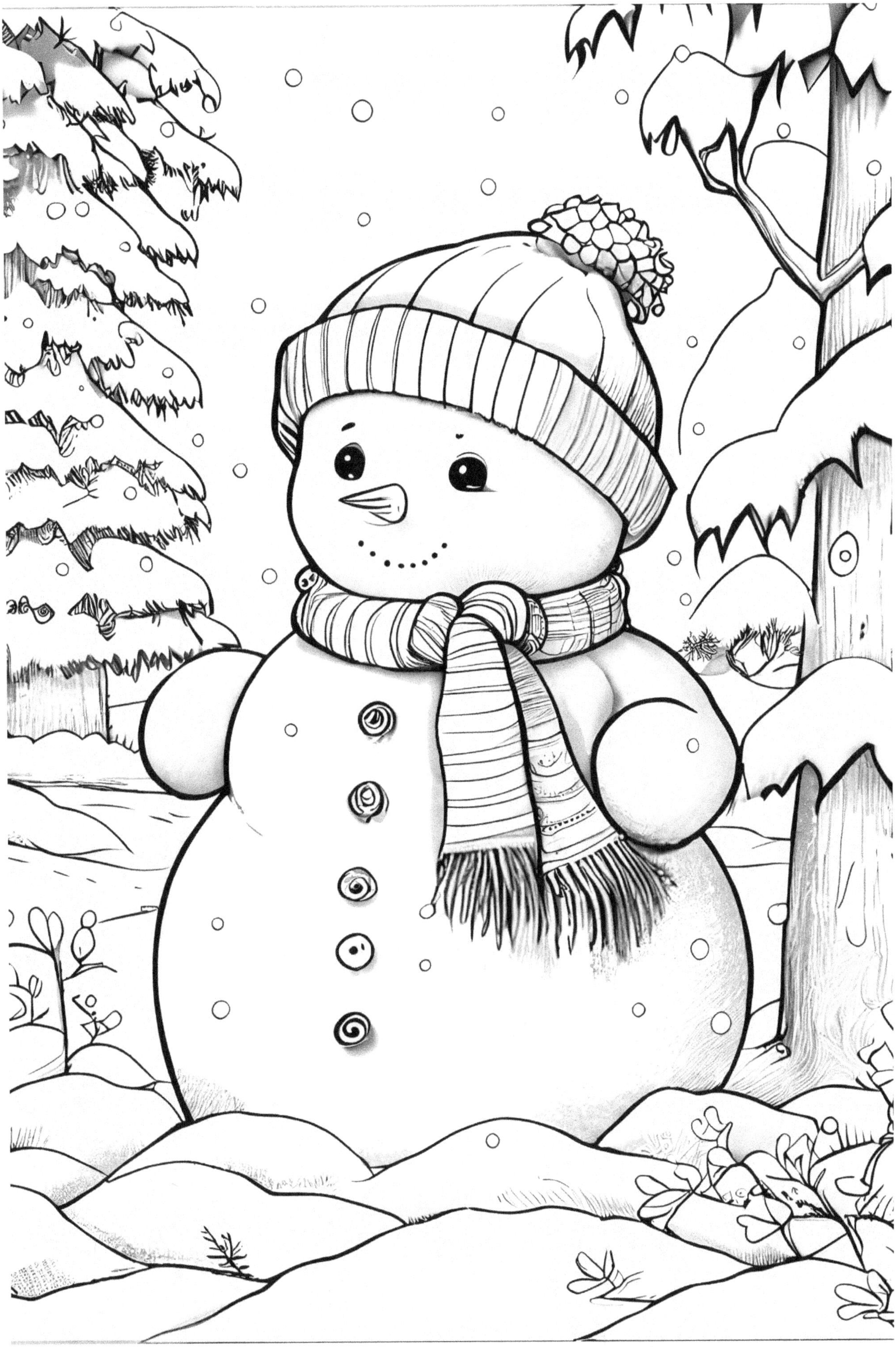

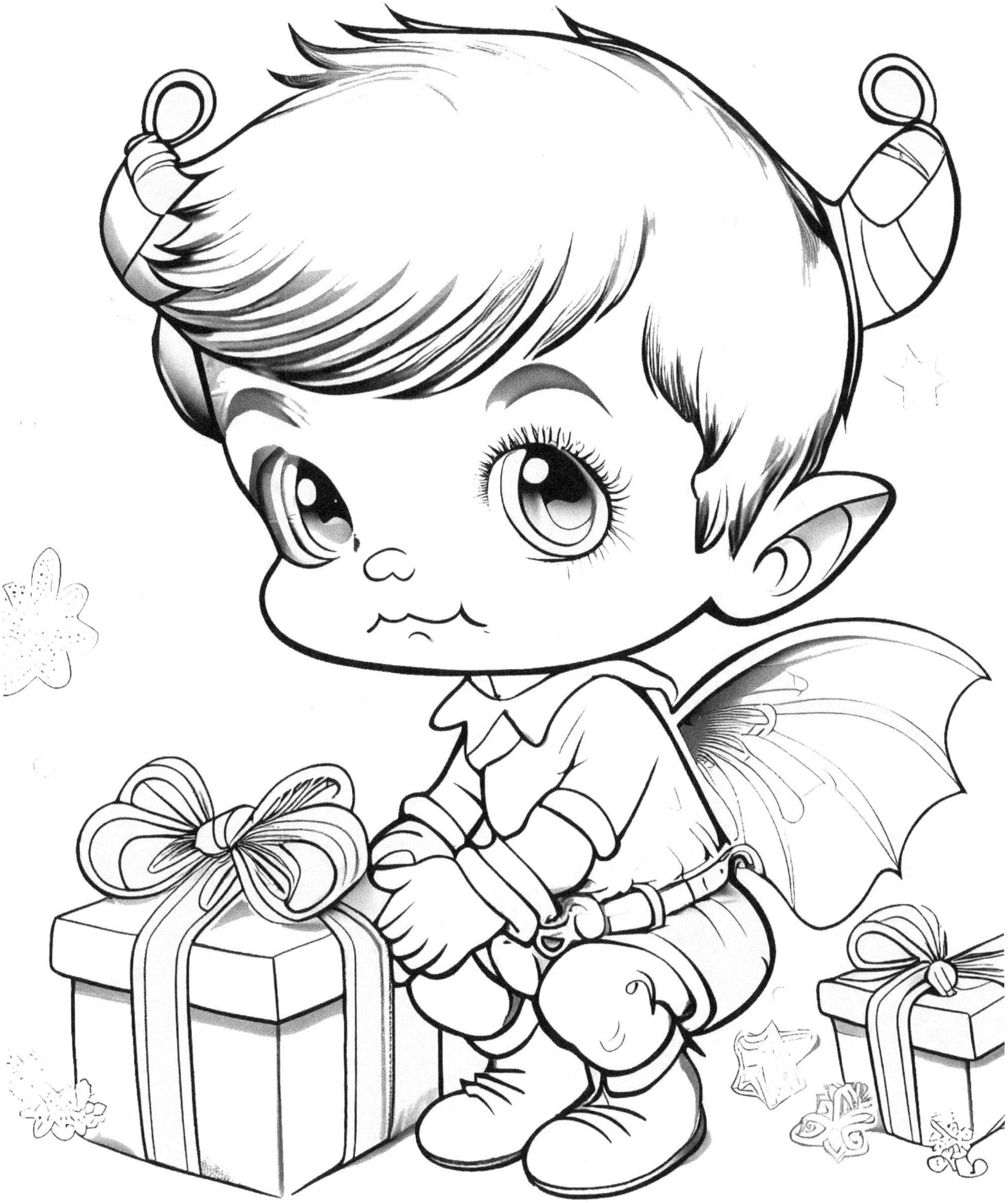

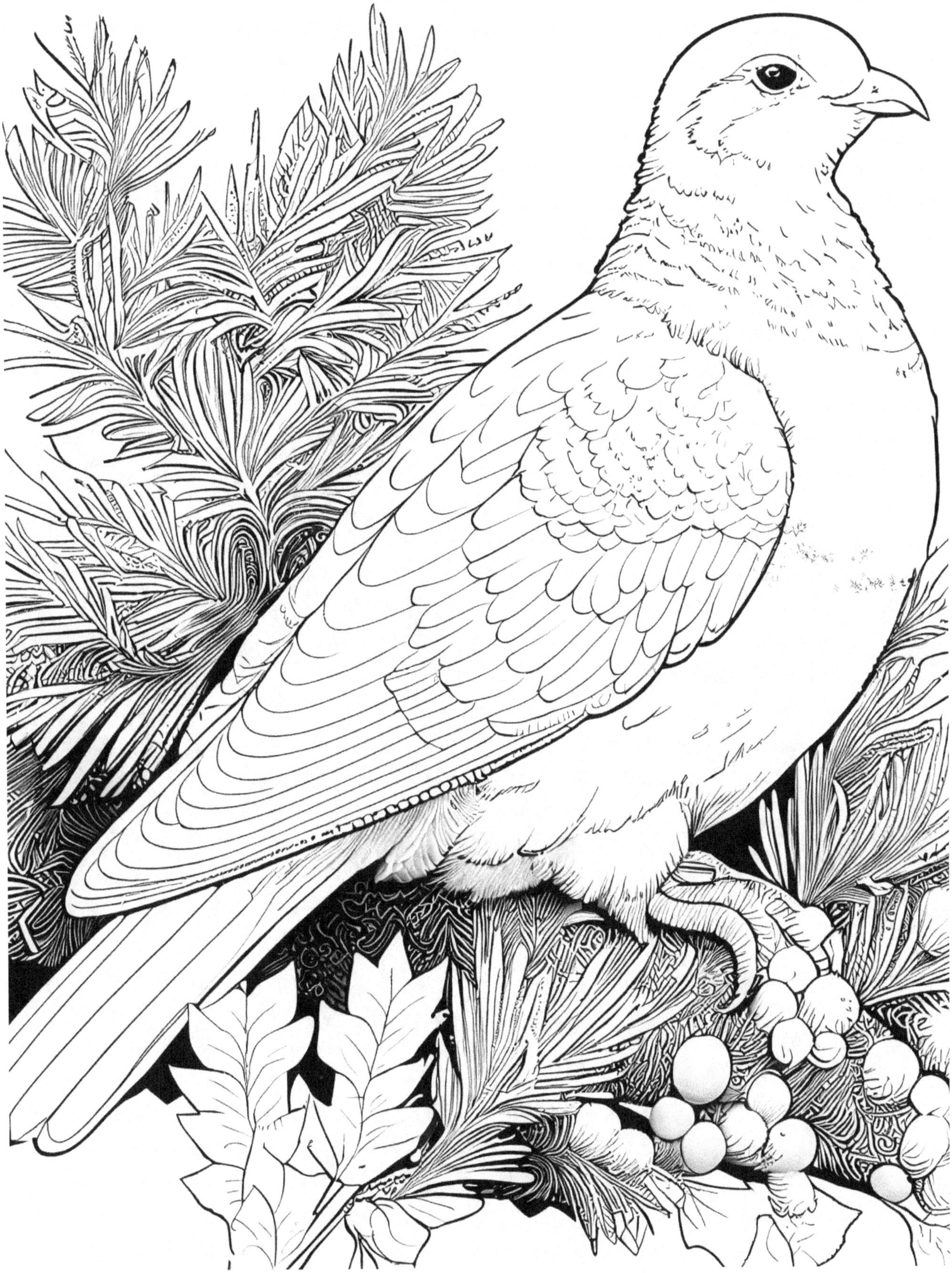

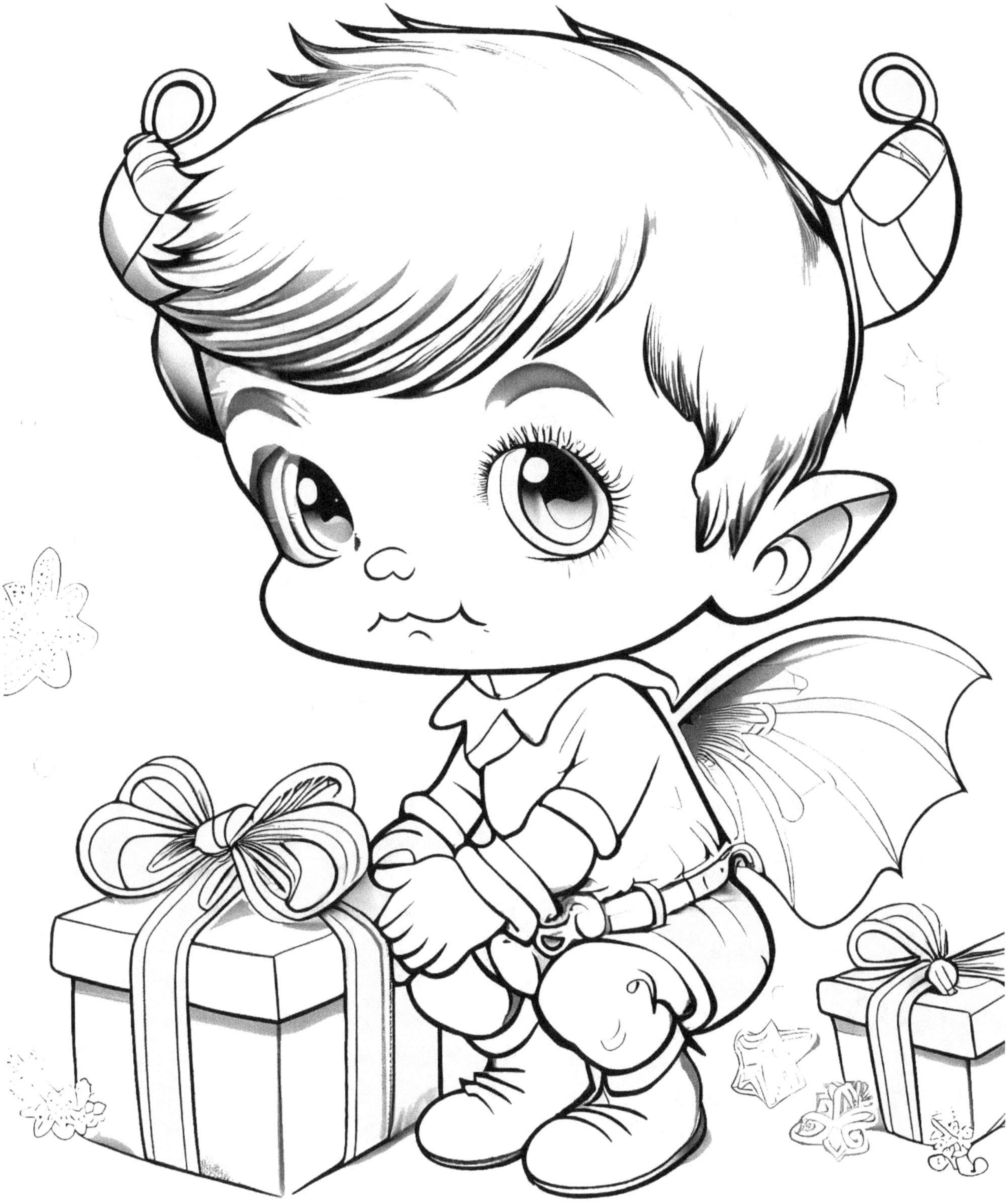

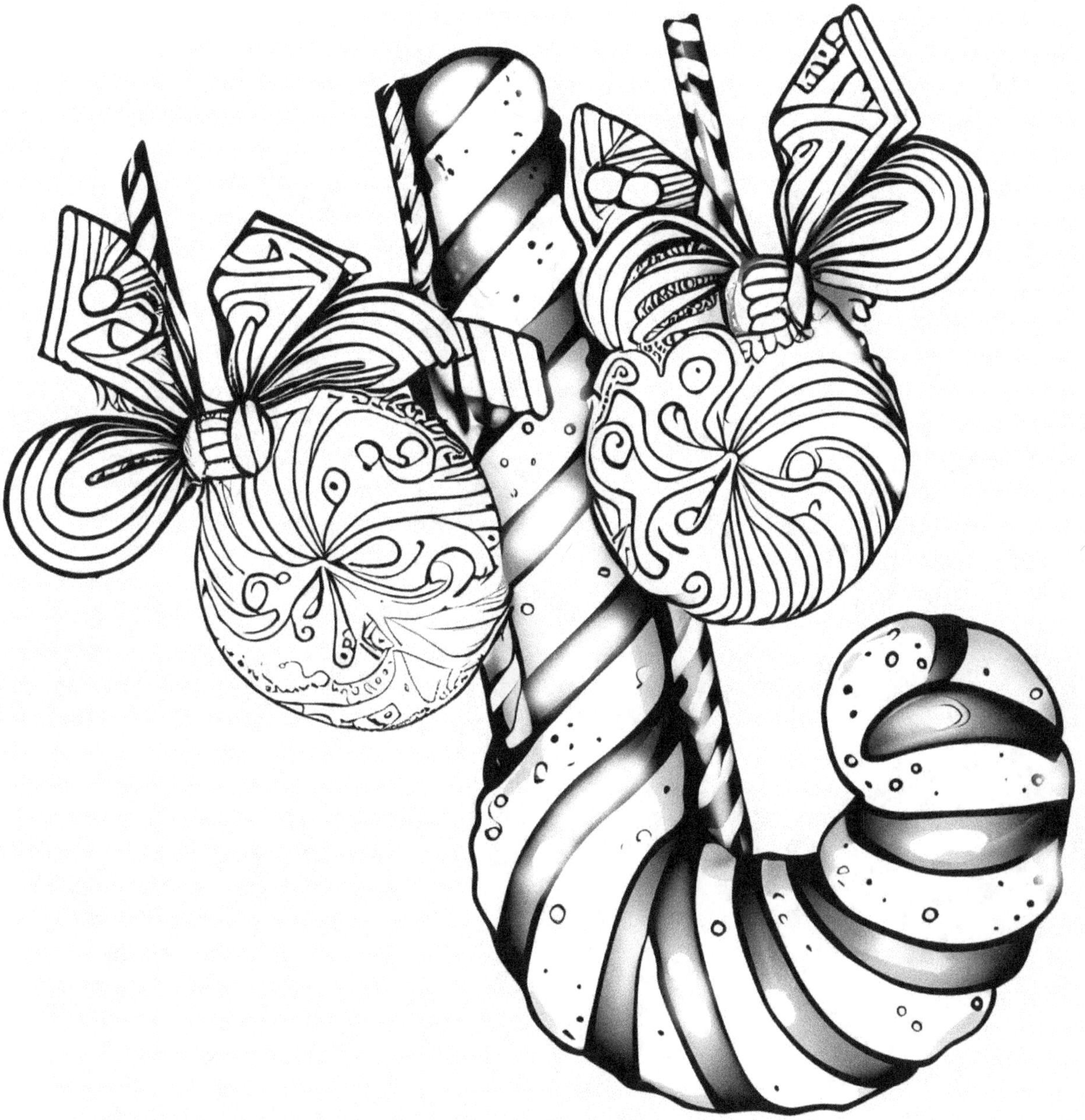

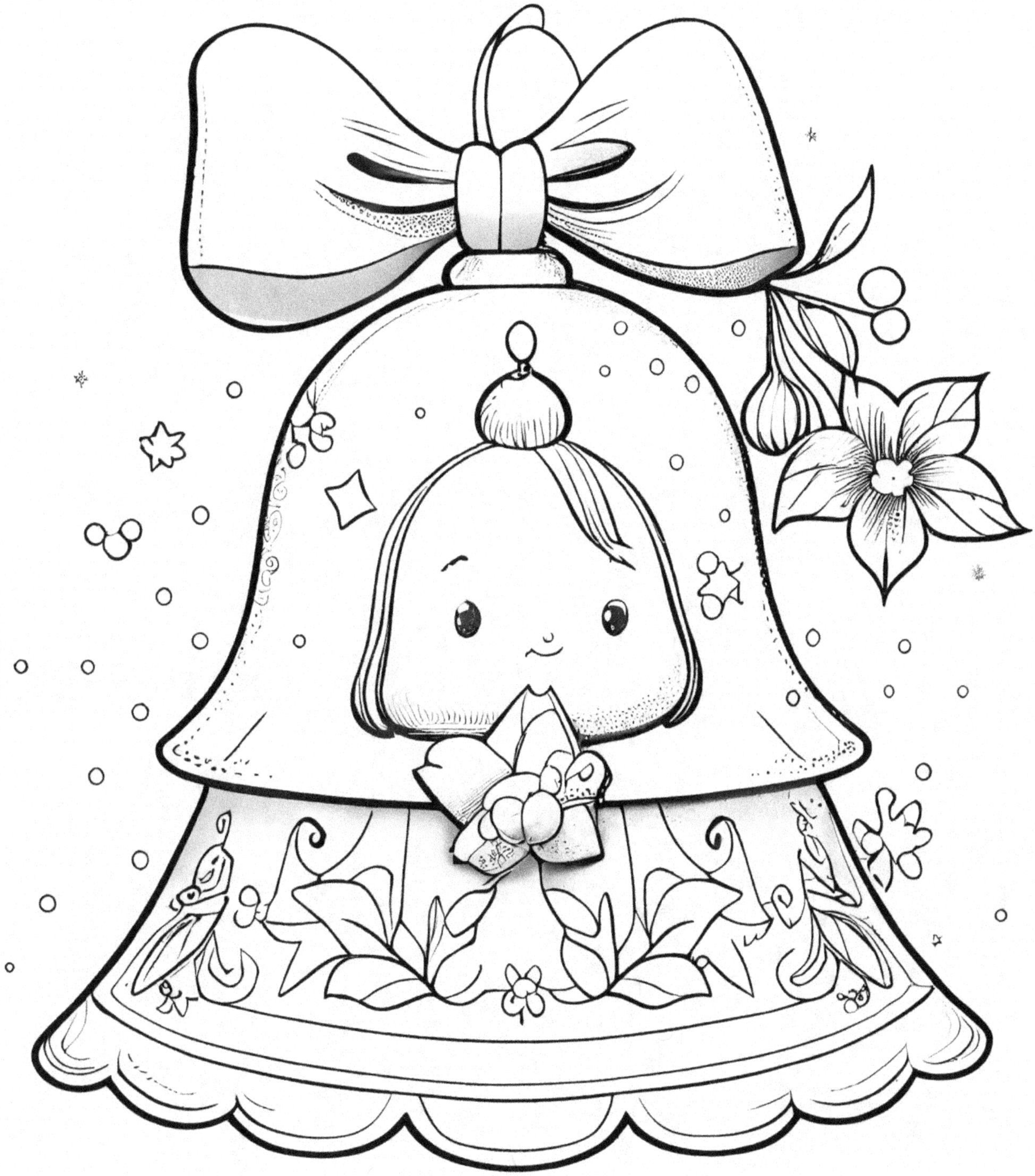

www.ingramcontent.com/pod-product-compliance
Lightning Source LLC
Chambersburg PA
CBHW081102240526
45465CB00026B/3269
* 9 7 9 8 3 6 6 4 6 0 6 7 5 *